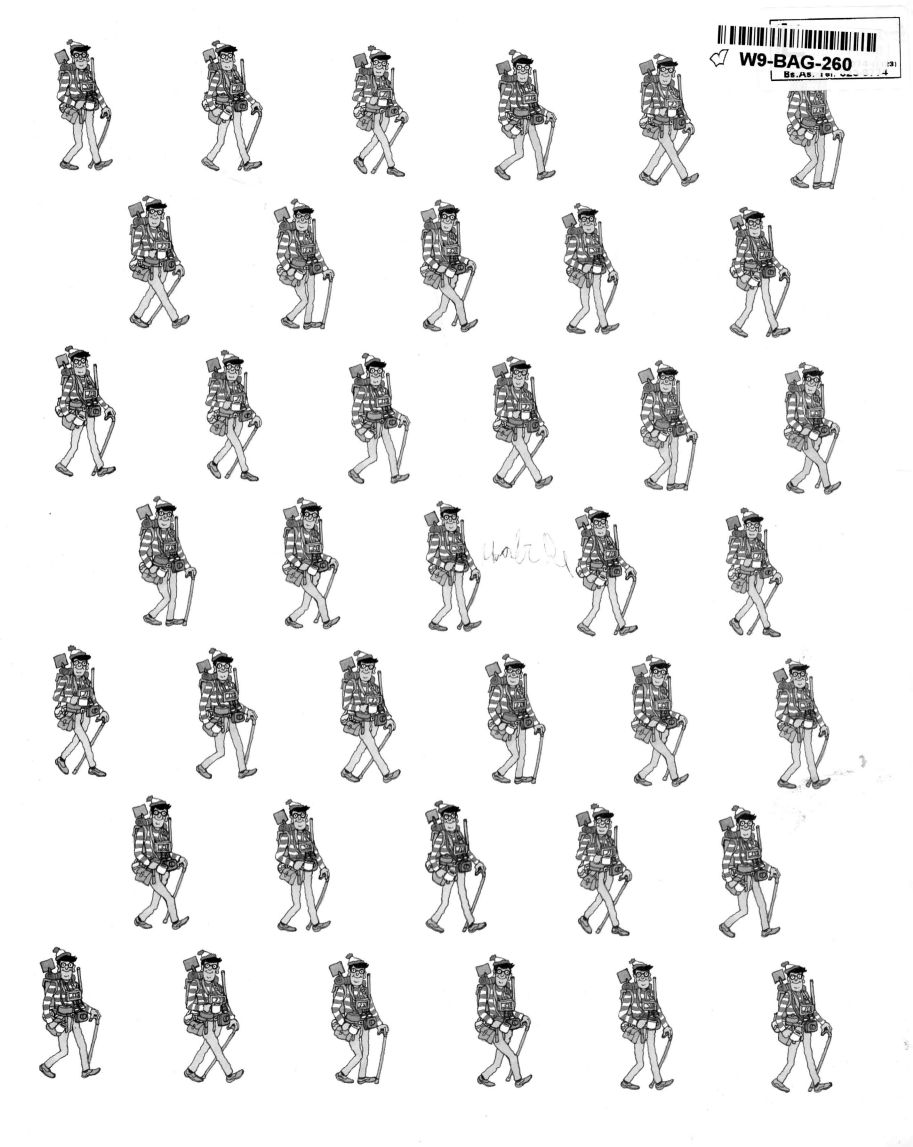

Para Wally

1.ª edición: octubre 1988
1.ª reimpresión: noviembre 1988
2.ª reimpresión: diciembre 1988
3.ª reimpresión: diciembre 1988
4.ª reimpresión: abril 1989
5.ª reimpresión: mayo 1989
6.ª reimpresión: junio 1989
7.ª reimpresión: julio 1989
8.ª reimpresión: octubre 1989
9.ª reimpresión: diciembre 1989
10.ª reimpresión: enero 1990
11.ª reimpresión: marzo 1990
12.ª reimpresión: mayo 1990
13.ª reimpresión: mayo 1990
14.ª reimpresión: enero 1991

15.ª reimpresión: febrero 1991
16.ª reimpresión: abril 1991
17.ª reimpresión: mayo 1991
18.ª reimpresión: julio 1991
19.ª reimpresión: noviembre 1991
20.ª reimpresión: noviembre 1991
21.ª reimpresión: noviembre 1991
22.ª reimpresión: abril 1992
23.ª reimpresión: julio 1992
24.ª reimpresión: septiembre 1992
25.ª reimpresión: octubre 1992
26.ª reimpresión: febrero 1993
27.ª reimpresión: marzo 1993
28.ª reimpresión: junio 1993
29.ª reimpresión: agosto 1993

30.ª reimpresión: septiembre 1993
31.ª reimpresión: febrero 1994
32.ª reimpresión: marzo 1994
33.ª reimpresión: septiembre 1994
34.ª reimpresión: noviembre 1994
35.ª reimpresión: enero 1995
36.ª reimpresión: abril 1995
37.ª reimpresión: julio 1995
38.ª reimpresión: marzo 1996
39.ª reimpresión: abril 1996
40.ª reimpresión: junio 1996
41.ª reimpresión: octubre 1996
42.ª reimpresión: julio 1997

Publicado originalmente en 1987 por Walker Books Ltd
184-192 Drummond Street, Londres NW1 3HP
© 1987 MARTIN HANDFORD
Título original: WHERE´S WALLY?
Traducción: Enrique Sánchez Abulí
© Traducción: Ediciones B, S. A.

© 1988 EDICIONES B, S. A. para la presente edición
Bailén, 84 - 08009 Barcelona (España)
Imprime: GRAFICROMO - Polígono industrial Las Quemadas (Córdoba)
Depósito legal: CO. 1.009-97 - ISBN: 84-406-0144-1
Impreso en España - Printed in Spain

# ¿DÓNDE ESTÁ WALLY?

# MARTIN HANDFORD

Ediciones **b**
GRUPO ZETA

Barcelona • Bogotá • Buenos Aires • Caracas • Madrid • México D. F.
Montevideo • Quito • Santiago de Chile

¡HOLA, AMIGOS!

ME LLAMO WALLY.
VOY A RECORRER MUNDO.
PODÉIS ACOMPAÑARME, SI QUERÉIS.
LO ÚNICO QUE TENÉIS QUE HACER
ES ENCONTRARME.

LLEVO CONMIGO CUANTO NECESITO:
UN BASTÓN, UNA TETERA, UN MARTILLO,
UNA TAZA, UNA MOCHILA, UN SACO DE
DORMIR, UNOS PRISMÁTICOS, UNA
MÁQUINA DE FOTOGRAFIAR, UNAS
GAFAS PARA BUCEAR, UN CINTURÓN,
UN BOLSO Y UNA PALA.

A PROPÓSITO, HOY ESTUVE EN LA
CIUDAD Y VI A UN "LIMPIACRISTALES",
QUE EN UN DESCUIDO DEJÓ CAER UN
CUBO DE AGUA SOBRE UNA PERSONA.

¡QUÉ COSAS!
¡A VER SI ME ENCONTRÁIS!

Wally Walg

# EL JUEGO DE ¿DÓNDE ESTÁ WALLY?
## ¡Montones de cosas que buscar para los rastreadores de Wally!

## EN LA CIUDAD

- Un perro en un tejado
- Un hombre en una fuente
- Una persona a punto de tropezar con la correa de un perro
- Un accidente de coche
- Un barbero muy lanzado
- Gente en la calle mirando la «tele»
- Un pinchazo provocado por la flecha de un romano
- Un músico que hace llorar
- Una planta que ataca a un niño
- Un camarero despistado
- Un guardia atrapando a un ladrón
- Una cara en la pared
- Un hombre saliendo de una alcantarilla
- Un hombre dando de comer a las palomas
- Un choque entre bicicletas

## PISTAS DE ESQUI

- Un hombre leyendo en un tejado
- Un esquiador volando
- Un esquiador que no puede frenar
- Un esquiador con pasamontañas
- Un dibujo en la nieve
- Un pescador ilegal
- Un niño tirando una bola de nieve a otro niño
- Dos esquiadores inconscientes
- Dos esquiadores chocando contra árboles
- Uno tocando el cuerno alpino
- Un muñeco de nieve esquiando
- Un coleccionista de banderas
- Dos esquiadores pordioseros
- Un esquiador en un árbol
- Un esquiador náutico en la nieve
- Un Yeti
- Dos renos esquiando
- Uno que salta sobre el tejado
- Un grupo de patinadores

## ESTACION

- Un chico cayendo de un tren
- Un coche averiado en la vía
- Niños traviesos sobre el techo de un tren
- Gente golpeada por una puerta
- Un hombre a punto de pisar una pelota
- Tres horas distintas a la misma hora
- Un hombre en una carretilla
- El dibujo de una cara en el tren
- Cinco personas leyendo un periódico
- Un mozo de estación muy cargado
- Uno que levanta una maleta con un dedo
- Uno al que se le cae lo que lleva en las maletas
- Una locomotora echando mucho humo
- Uno a punto de caerse de un banco
- Un perro mordiendo el pantalón de un hombre
- Unos vagabundos
- Una mano pillada por una puerta
- Una estampida de ganado
- Un hombre rompiendo una báscula

## EN LA PLAYA

- Un perro mordiendo el culo de un niño
- Una persona muy abrigada
- Un hombre musculoso con una medalla
- Una chica con mucho éxito
- Uno que hace esquí acuático
- Una chica haciendo una foto a su amigo
- Una colchoneta pinchada
- Un burro al que le gusta el helado
- Un hombre aplastado por una gorda
- Un balón de playa pinchado
- Una pirámide humana
- Un escalón humano
- Una extraña pareja
- Un cowboy
- Un burro humano
- Un viejo con una chica guapa
- Un niño que sigue a su padre
- Dos hombres en camiseta y otro sin ella
- Un niño ha asustado a otro con una araña
- Una exhibición de castillos de arena
- Una pandilla de ladrones de sombreros
- Un árabe haciendo pirámides
- Tres niños sacando la lengua
- Dos sombreros extraños
- Dos extraños amigos
- Cinco corredores
- Una toalla con un agujero
- Un barco pinchado
- Un chico que no puede comprarse un helado

## CAMPING

- Un toro de hierba
- Un megáfono
- Un tiburón en el canal
- Un niño citando a un toro
- Uno metiendo el dedo en el ojo a otro
- Uno al que le echan té encima
- Un puente bajo
- Gente derribada por un mazo
- Un hombre medio desnudo
- Una bicicleta a punto de pincharse
- Camellos haciendo camping
- Un espantapájaros que no asusta
- Una tienda india
- Unos forzudos
- Una tienda caída
- Una barbacoa humeante
- Un pescador pescando botas
- Una bicicleta con una rueda muy grande
- Unos boy scouts haciendo fuego
- Un excursionista apoyado en una valla
- Un hombre hinchando un bote
- Un mayordomo
- Unos corredores
- Un toro persiguiendo a unos niños
- Un topo
- Excursionistas sedientos

## ESTADIO

- Tres pares de pies saliendo de la arena
- Un cowboy dando la salida de una carrera
- Diez niños con quince piernas
- Un lanzador de discos musicales
- Un malabarista de pesas
- Un sordo con una trompetilla
- Un caballo que hace de potro
- Un motorista
- Un paracaidista
- Un escocés con un tronco
- Un elefante tirando de una cuerda
- Dos niños bajo una red
- Un jardinero
- Tres hombres ranas
- Un corredor desnudo
- Una cama
- Un niño vendado
- Un corredor con cuatro piernas
- Un zapato manchado de pintura
- Un hombre con unas extrañas piernas
- Un hombre persigue a un perro que persigue a un gato
- Un niño mojando a alguien

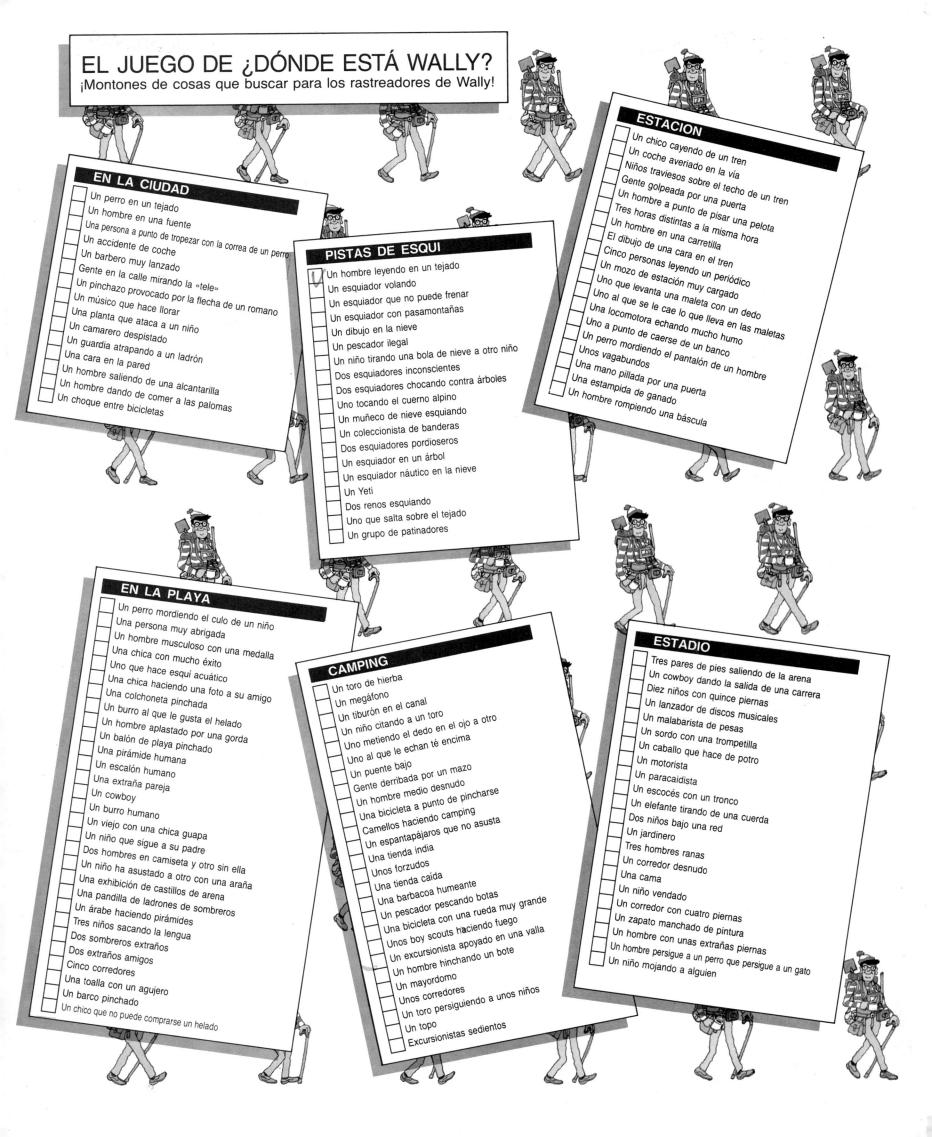